Michael Ende

O longo camiño a Santa Cruz

Regina Kehn

EDITORIAL EVEREST GALICIA, S. L.

Cando o gong dea o sinal, serán as sete e cuarto —dixo a radio.

—A ver, Hermann, deixa xa de remoe-las papas —dixo o pai.

—E bebe o leite todo, Hermann —dixo a nai.

—E acaba dunha vez —dixo o pai.

—A ver se te dás présa —dixo a nai.

—E non perda-lo tempo polo camiño, Hermann —dixo o pai.

—Vas chegar outra vez tarde á escola —dixo a nai.

—E coas notas que traes, iso non pode pasar máis —dixo o pai.

—Xa temos problemas dabondo co sarampelo de Carla —dixo a nai—. A pequena non parou de queixarse en toda a noite.

—E a ver se non dás eses portazos cando saes, Hermann —dixo o pai.

—Por riba, vas esparta-la pequena...

—Imos ofrecerlles agora o programa "Fermosas melodías para comenza-la semana" —dixo a radio.

Hermann (oito anos e tres meses de idade, un metro vintecinco centímetros de altura, trinta e cinco quilos de peso en vivo, loiro e pencado), a quen ías dirixidas todas aquelas advertencias dos pais, ergueuse da mesa de vagar, foi de vagar cara á porta, puxo de vagar o impermeable, cargou de vagar coa mochila ás costas, cubriuse de vagar coa gorra, enrolou de vagar a bufanda no pescozo, abriu de vagar a porta da rúa e pechou cun portazo tal que deixou tremando os alicerces da casa dos veciños. Quedou parado un momento por

ver se a irmá choraba, e cando oíu os berros de pequena encolleu os ombros satisfeito e baixou correndo os chanzos de tres en tres, de maneira que tódolos veciños souberon que Super-Hermann saía cara á escola coma unha centella. Chovía na rúa. Aquilo non era novo, pois levaba días chovendo sen parar. Non era unha treboada, que sempre sería divertida, senón unha chuviña gris, miúda e triste, e insistente dabondo como para que a friaxe e maila humidade se metesen polas mangas e polo colete da camisa. Era unha chuvia que parecía disposta a seguir caíndo tempo e tempo. Aquela chuvia lembrábaballe á tía Erna, que sempre chegaba á casa dicindo: “Non quero incomodar, vou parar aquí só un par de días...”, e logo tiraba na casa todo un mes, queixándose de todo e apoltroada no sofá.

E, para máis, era luns. Hai moita xente que lle ten xenreira ós luns, e, naquelas horas da mañá, case noite aínda, estaban as rúas cheíñas de xente que, víaselles ben na cara, tiñan algo contra os luns. Para Hermann, o pior era que os luns púñano inevitablemente diante da necesidade de perder unha semana máis da súa valiosa mocedade aprendendo ortografía, tablas aritméticas e parvadas semellantes. E todo iso nunhas horas nas que onde mellor se está é na cama, ben quentiño.

"É lóxico", pensaba Hermann rindo amargamente, precisamente por iso os mestres teiman en comenza-las clases tan cedo polas mañás, porque o único que eles queren é amargarlle-la vida á maior cantidade de nenos indefensos. Seguro que de todo o da escola, aquilo era o único que os divertía: amargar ós cativos.

E os pais, naturalmente, sempre estaban de banda dos profesores. Cos pais xa nin se podía falar diso. O único que querían era librarse del, sobre todo desde que andaba Carla co sarampelo. ¡Coma se o sarampelo fose unha cousa extraordinaria! Tamén el tivera o sarampelo, había tempo, e nin así deixaban que entrase no cuarto da irmá. E o caso é que el xa o pasara, a agora non llo podía pegar, que só se ten unha vez. Eso estaba demostrado cientificamente. E

cando el pillou o sarampelo os pais non fixeran tanto teatro, por máis que daquela el era fillo único.

Carla tiña agora dous anos e medio, e non valía para nada, nin para xogar, nin para falar con ela, e aínda menos para pelexar. Sempre tiña que ter coidado –Carla por aquí, Carla por alá– coma se fose de manteiga.

E a Hermann non lle facían caso. Agora era un ninguén, talmente coma se non existise. Ben, alá eles. Algún día íalles pesar...

Hermann sentiu no pescozo un nó de rabia.

Pasou por diante dun escaparate dunha axencia de viaxes e parou alí. E viu a súa imaxe na vi-

dreira, sobre un fondo de países lonxanos cheos de palmeiras e de cidades con rañaceos. Examinouse atentamente, movendo a modiño a cabeza de dereita a esquerda. Sen dúbida, os trazos da súa cara, que revelaban o seu sufrimento, eran máis maduros do que acaía á súa idade. E a culpa tíñana as inxustizas que desde había moito tempo viña sufrindo en silencio.

A alguén coma el, a quen ninguén quería, non lle quedaba máis remedio que poñerse fóra da lei. Si señor, converteríase nun gángster de Chicago ou de Xangai. E os xornais de todo o mundo virían cheos de noticias sobre as súas falcatruadas: atracos a Bancos e a furgóns de seguridade, salvaxes liortas a tiros coas bandas inimigas. Cidades enteiras estarían aterrorizadas polos seus delictos, e a policía non podería facer nada, absolutamente nada, contra el. Claro que algún día aquilo acabaría mal e chegaríalle o castigo ben merecido. Todo o mundo sabe, polo cine, que o delicto non paga a pena, pero mentres morría, desangrándose polas súas feridas, diríalle ó comisario falándolle ó oído: "Leve ós meus pais un saúdo, e dígalles que a culpa de que eu acabe así é súa; pero que, malia todo, dóulle-lo meu perdón...". E logo os seus beizos exangües pecharíanse para sempre, e non amolaría a máis ninguén no mundo.

Hermann tragou saliva e suspirou fondo. O labio de abaixo tremáballe un pouco, pero fixo un esforzo para que a súa cara mostrase a rudeza pétrea que acaía cun tipo tan duro coma el.

Poida tamén que entrase na Lexión entranxeira, para loitar e morrer cun nome falso, cheo de condecoracións e fa-

moso entre os seus camaradas, igualiño que aquel que saíra había pouco nunha película da tele, aquel que se chamaba... Vai-ti-saber-como... Os únicos que non saberían nada da súa morte serían os pais, porque na Lexión ninguén sabería quen era nin de onde viña. De tódolos xeitos, o Hermann non estaba moi seguro de que o admitisen na lexión con oito anos. Poida que non. Iso era o máis seguro. Pero o que non podía facer era pasar un montón de anos esperando; de maneira que o mellor sería o de Chicago ou Xangai. Aínda que, ben pensando, ¿como chegar alá? O que si podería facer era secuestrar un avión. Era o máis sinxelo. O seu pai dixera hai pouco que secuestrar avións non tiña ningunha dificultade, que abondaba con meterse entre a xente cunha pistola agachada e esperar a que o avión estivese no aire. Entón os pilotos non tiñan máis remedio que obedece-las súas ordes.

"Ben", dixo o Hermann para si, "eu secuestro un avión e vou a Chicago ou a Xangai, ¿e que fago cando estea alí?".

Seguro que aquilo estaba tamén cheo de escolas, ás que tería que ir. Agora xa non hai países inexplorados, como había noutros tempos. E, sobre todo, non hai países nos que non haxa mestres e escolas. Vista así a cousa, mellor sería quedar onde estaba. Ademais, estaba seguro de que en canto chegase a Chicago ou a Xangai, tamén alí comenzaría a chover: era típico de súa sorte que chovese alí onde el chegase.

O mundo enteiro estaba contra del. E por iso estaba farto xa de todo o mundo. Nada tiña que facer el neste mundo onde ninguén o tiña en conta, onde ninguén se preocupaba del. O malo é que non había máis mundo ca este.

Oíronse as badaladas da torre e Hermann saíu do seu ensimismamento. Outra vez ía chegar tarde á escola. Tería que correr para recupera-lo tempo perdido, se non quería que a profesora Wasserle lle botase os cans.

Mentres tentaba unha carreiriña pensou Hermann que, de calquera xeito, do sermón non libraba, por chegar tarde ou por calquera outra cousa. Sobre todo canto no mundo existe hai opinións diversas entre a xente, pero nunha cousa todos estaban contestes: en que Hermann non tiña que ser como era. Sempre había alguén que quería domalo e asoballalo, alguén que tentaba facelo mellor do que xa era. Uns facíano con berros e castigos, outros con boas palabras. Entre os profesores da escola había un par de raposos –o señor Rohr, por exemplo, e a señorita Knietsch– que sempre andaban dicindo que eran amigos seus, e o único que querían era engaiolalo. Ben se decataba el. Dicían que tiña que ser un rapaz asisado e simpático, sen ver que el era como era, e sen comprender que a xente de todo o mundo tiña que aceptalo así. Se no mundo enteiro non había ninguén capaz de aprecia-las súas habelencias, pois que levase o diaño ó mundo enteiro...

¿Habelencias? ¿Qué habelencias?

Por exemplo...Naquel intre non se lle ocorreu ningunha, pero tiña moitas.

De maneira especial, Hermann era quen de facer moitas cousas que os outros chamaban "parvadas inútiles", pero que eran cousa de mérito. Asubiaba tan forte cos dous dedos na boca que era capaz de partirlle os tímpanos a calquera; sabía dar pinchacarneiros coma ninguén, montar na bici sen mans, facer algúns trucos de maxia con rollas de cortiza e con moedas, sabía... sabía un montón de cousas que os seus compañeiros nin sospeitaban. Seguro que os outros rapaces da escola nunca chegarían a facer todo o que el sabía. Estaba xa canso do parvulario aquel. Tiña xa idade dabondo para non continuar aturando aquelo. De hoxe en diante ía segui-lo seu propio camiño, e ninguén o sabería, só el, porque sería un camiño seu e de ninguén máis.

Hermann botouse a correr ó galope, pero a verdade é que non moito, só o xustiño para poder dicir despois, sen que fose mentira enteira, que se dera toda a présa que puido.

Oíu entón ouvear unha sirena.

Parou a súa carreira de seguida. Pasou un camión de bombeiros a toda velocidade. Logo outro, e máis outro despois. Hermann seguiu os camións coa ollada, cheo de esperanza. ¡A ver se estaba ardendo a escola...!

Camiño dela ían, desde logo. Ben podería ser que o conserxe, o señor Knöllinger, que vivía no soto do edificio da escola, quedara durmido co cigarro aceso entre os dedos. O cigarro podería ter caído por unha fenda do sofá e o sofá comezou a arder... Ou ben poidera ser que unha rata mordera un cable e provocara un cortocircuíto, e logo estoupou a caldeira do fuel-oil... Ou puido derramarse un bidón de gasolina. Ou romperse una vella tubería de gas. Ou a muller do conserxe esqueceuse de apaga-la prancha de roupa antes de saír...

Cousas desas pasan tódolos días na cidade ¿ou non? ¿Por que pois non podían pasar na escola? Pensándoo ben, hai tantas posibilidades de que prenda o lume que ben podía ocorrer algunha vez na escola.

E se realmente ardía a escola, non tiña sentido ningún aquel correr como un tolo. Se os bombeiros non conseguían apaga-lo lume menos ía conseguilo el, nin arriscando a súa vida.

Hermann viu a situación con toda claridade. Cando el chegase, os bombeiros estarían todos arredor da escola coas mangueiras na man, intentando apaga-lo lume.

—¿Qué pasa? —preguntaría el—. ¿Por que non apagan as labaradas?

—¡Que máis quixésemos nós! —diría o capitán—, pero non podemos. Non coñecémo-la casa por dentro. Necesitaríamos alguén que nos guiase, pero non hai quen estea disposto a facelo.

—¡Como que non! —diría el pasando o seu ollar polos badocos que asistían á queima—. Vexo aí un par de profesores. Falen con eles...

—Xa o fixemos —diría o capitán dos bombeiros—, pero non queren. Teñen medo...

—¡Ah, pois se é iso...! —diría Hermann cun sorriso revirado e burlón—. Déixeme a min. A ver, veñan comigo.

E sen dubidalo un instante meteuse entre as lapas estralantes que tiñan máis dun metro de altura. Seguíano os bombeiros botando chorros de auga polas mangueiras.

Menos mal. Por culpa da covardía dos profesores era xa tarde de máis. Xa non era posible salva-la escola. Terían que facerse á idea; en definitiva, os culpables foran eles.

Hermann non tiña aínda moi claro se ía sacrificarse coma un heroe nas labaradas incontenibles ou se ía seguir con vida para conceder unha entrevista ós da televisión.

Decidiu ó final deixar aquilo sen tomar decisión ningunha, pois coñecía dabondo ós grandes como para saber que non lle ían permitir que dirixise os traballos de extinción do lume. En fin, a ver como amañaban els o desastre. Para el, tanto lle tiña que a escola se queimase. E, ben vista a cousa, ¿para que ir xa á escola?

Con todo, maldita sexa, había aínda unha posibilidade, por pequena que fose, de que a escola non estivese ardendo. Podía ocorrer que os bombeiros fosen apaga-lo lume a outro sitio.

Hermann suspirou e tomou de novo o camiño da escola, non tan de présa como antes, pero si cara á escola.

Cando chegou á encrucillada na que tiña que tirar para a dereita e cruza-la rúa, por pouco dá contra un home que levaba dous anuncios pendurados dos ombros, un por diante e outro por tras. Esran carteis pintados con colores rechamantes. Nun parecía un pallaso e no outro unha moza de cabelos de ouro cun traxe de baño escintilante e unha cobra enorme, unha boa, enrolada arredor do corpo. En letras vermellas puña:

HOXE, GRAN FUNCIÓN DE GALA
NO CIRCO PANDALI

Hermann seguiu ó home para estudia-lo cartel a fondo.

O home do anuncio ía sen barbear, e removía dun canto a outro da boca unha cabicha apagada. Da aba do seu sombreiro caían pingas de chuvia.

Cando viu que o rapaz ía tras del, chiscoulle o ollo.

Hermann ollou derredor. Ningún dos que pasaban parecía telo visto. Parecía, pois, que aquela chiscadela lla diri- xira a el. Dalgún xeito tiña un aire confidencial, coma se entre el e o home houbese algún acordo secreto.

¿Pero que acordo? Hermann non coñecía ó home, iso era seguro. Poida que aquilo tivese algo que ver coa boa.

As veces, os cazadores de boas levábanas en grandes queipos. Iso o tiña lido nalgures. Pero os queipos, sobre todo cando van vellos, po-

den ter buratos, e a serpe puido fuxir por un ás carreiras –¿ou habería que dicir que reptara?–. Seguro que o home andaba agora tentando dar con ela para metela de novo no queipo.

Pero, ¿a que viña entón aquela chiscadela dirixida precisamente a el? A Hermann pareceulle clara a cousa. Realmente o home non andaba a busca-la serpe, pois sabía moi ben onde estaba. O que andaba buscando era alguén que o axudase a colle-la boa. Velaí o problema.

A boa chamábase Fátima, e tíñalle pánico á auga, ou, iso era o máis seguro, non lle gustaba a chuvia. Por iso fuxira pola escaleira dunha casa e, subindo, subindo, deu cun piso que, casualmente, tiña a porta aberta. Na casa había un naipelo durmidiño no berce, ben tranquilo. Fátima ergueu a cabeza mesmo diante o neniño coma un xigantesco interrogante. Os pobres pais vían a serpe desde o corredor, e mordían os puños de carraxe, pero non se atrevían a facer movemento ningún, non fose alporizarse a serpe.

Hermann comprendeu de inmediato a razón de que o home lle chiscase o ollo. Sen dúbida quería dicir: ¡Ven tras de min con disimulo! E que a xente non saiba o terrible perigo que corre toda a cidade, porque, de sabelo, extenderíase o pánico e todo estaría perdido. Só alguén coma ti, un verdadeiro especialista, un home que sabe todo sobre as boas, pode salva-la situación.

Naturalmente, Hermann estaba disposto a salva-la vida do naipelo, por máis que os pequenos a el non lle facían gracia ningunha. Pero, en certa maneira, tamén eles eran

seres humanos, e tiñan dereito a seren salvos, aínda que, para conseguilo, perdese dúas horas de escola. Alí estaba aquel neniño indefenso, coa serpe inmensísima diante del, coa boca arregañada. ¿Quen podería atreverse a dicir, sen un peso na conciencia, "síntocho moito, pero eu teño que ir á escola"? Iso tería toda a apariencia dunha excusa de covarde. Hermann nunca sería tan ruín, sobre todo tendo en conta que el era o único que podía remedia-la situación.

Con cara decidida emprendeu o camiño tras do home dos carteis. Alí estaba el para o que fose.

En canto chegasen á casa, o primeiro que faría sería botar de alí a todos aqueles badocos. Faríao con precaución, para que ninguén sufrise mal. Quería estar, sen ninguén ó seu redor diante da perigosísima serpe. Poñeríanse os dous fronte a fronte, a serpe e el, mirándose ós ollos. Sabido é que as cobras saben hipnotizar, pero tamén el sabía algo diso. El era o mellor hipnotizador do mundo. Seguro que aquel home xa o sabía e por iso viñera pedirlle axuda.

Entre a boa e el habería unha loita silenciosa, unha loita terrible de forzas hipnóticas. A xente normal non podía maxinar aquilo. Os dous, un diante do outro, e el, Hermann, non baixaría os ollos nin un instante ata que o animal tivese que rendirse diante la superioridade da alma humana e quedase tendido no chan, teso coma unha vara.

Pálido e morto de fatiga polo incrible esforzo, Hermann permitiríalles ós pais do cativo manifesta-la súa inmensa gratitude. E logo, cun sorrir misterioso nos beizos, perderíase entre a multitude que se congregara alí... El era só un misterioso descoñecido de quen ninguén sabía nada certo.

O home dos carteis parou de súpeto, deu media volta e examinou cunha ollada interrogante ó pequeno aquel que tan teimudamente seguía os seus pasos, pero non lle dixo nada.

—Dispense —tatexou Hermann—. Eu só quería saber se Fátima, quero dicir se a boa...

—¿De que boa me falas, rapaz? —dixo a home con fala de estranxeiro— Xa non temos boa ningunha. Só esta do cartel, porque non tiñamos máis anuncio ca este do ano pasado e había que aproveitalo, non o íamos tirar. A ano pasado si que tiñamos boas e serpes a montóns. Pero somos pobres, ¿sabes? Non temos diñeiro, ¿entendes? E non podemos andar facendo cada ano un cartel novo. Este é vello. É o de hai un ano, ¿entendes?

—Si ...—dixo Hermann, desilusionado—. Entendo... E síntollo ben, home. ¡Que lle imos facer!... Desculpe.

E deu a volta e marchou por onde viñera.

—Non hai de que, rapaz —respostou o home, ollándoo aparvado.

Hermann tardou un tempo en decatarse de por onde andaba. Coa emoción da loita coa boa non reparara no camiño que fixera tralo home-anuncio.

Volveu atrás e conseguiu dar coa encrucillada. O semáforo estaba vermello, e esperou.

Realmente, podía terlle preguntado ó home se necesitaban no circo un rapaz coma el. Podería facer de anano, ou de pallaso. Non, mellor sería de acróbata. A orquestra faría o redobre do tambor, e todo o público contería o alento. Hermann –alí no circo chamaríase Germanio– sairía voando cara ó trampolín, faría o triple salto mortal e caería no alto dunha torre formada por seis homes, un riba do outro. A xente aplaudiría, sería un balbordo enxordecedor, e virían entrevistalo xornalistas e fotógrafos de todo o mundo. E el diría:

—Señores, todo comezou sendo eu neno. Dei un pinchacarneiro un día, e pasaba por alí o director dun circo que descubriu de seguida as miñas condicións acrobáticas.

O semáforo continuaba vermello.

Ou mago... Si, iso era aínda mellor. O moi misterioso Míster X, co seu frac e o seu sombreiro de copa alta, envolto nunha capa negra. Pero para iso non abondaban os trucos coas rollas e as moedas. En fin, todo era comezar...

Por exemplo, el sabía facer telepatía perfectamente. Transmiti-lo pensamento non era traballo ningún para el. Faría aparecer e desaparecer co pensamento as cousas máis abraiantes: autos, elefantes, ata a si mesmo.

O semáforo continuaba vermello.

Hermann pensou naquel momento que o semáforo non funcionaba, que estaba sempre na mesma cor. Cousas así pasaban ás veces. Ás veces, os semáforos pasan horas e máis horas sen cambiar, e hai atascos, e unhas liortas tre-

mendas ata que chega o especialista a amañalos. Pero posiblemente aquel día o especialista tiña traballo noutro sitio, e primeiro habería que ir buscalo, cun helicóptero, por exemplo, porque podería estar na serra. E mentres andaban na súa procura, os semáforos quedarían parados e todo o país por unha sabotaxe de axentes do inimigo. Porque o inimigo tiña uns aparellos especiais que podían

paralizalo todo, e non se podería facer nada mentres non descubrisen onda tiña a súa central secreta a espionaxe inimiga.

Ninguén podería esperar que o Hermann quedase alí parado, baixo a chuvia, esperando o remate da historia. E pasa-la rúa sen máis, co semáforo vermello...

Iso era imposible. Mesmo os mestres da escola tiñan que entender que era imposible, que aquilo era cousa que non se lle podía pedir a ninguén. En definitiva, eles mesmos advertiran unha e outra vez ós alumnos que co semáforo vermello non podían pasa-la rúa, nunca, en ningún caso. Agora tiñan que mante-la súa palabra. Non podían dici-lo contrario do que dixeran antes só porque era a hora de ir á escola. Non se pode andar dicindo un día unha cousa e ó seguinte o contrario, segundo lle peta a un. ¡Non podían facerlle a Hermann unha cousa así! Daría unha volta polas rúas e iría logo á casa... ou a calquera outro sitio. ¡Todo menos cruza-la rúa co semáforo vermello!

Pero como era o gran mago Míster X, Hermann decidiu concentra-la súa forza mental para estraga-los proxectos dos axentes inimigos.

Espetou a súa ollada concentrada máxicamente no semáforo e, de contado, virou este de vermello a verde.

O misteriosísimo Míster X cruzou a rúa, pensando se non sería mellor emprega-la súa incrible forza mental noutra cousa que cambia-la cor do semáforo para ir a escola.

Diante del ía encollidiña unha muller vella e pobre. Nunha man levaba o paraugas aberto e na outra sostiña un saqueto grande e pesado no que levaba as cousas que comprara no mercado.

Hermann seguiuna preocupado. Que fácil era que aquela mulleriña pobre perdese algo, algo que, sen dúbida, era moi necesario para ela, por exemplo un billete de mil marcos. Seguro que non se decataría de que o perdera, non se decataría nin ela nin ninguén, e a auga da chuvia levaría o billete ata o sumidoiro máis próximo, e perdería-se alí para sempre. ¡E aqueles mil marcos eran os únicos que tiña a vella! Hermann pensou de contado que tiña que facer algo para impedir que aquilo ocorrese. Tiña que atrapar aquel billete e devolvelo á propietaria.

Quizais máis tarde descubrise que non era a mulleriña vella e pobre que aparentaba, e que en realidade era unha

condesa que vivía nun pazo cheo de tesouros, e coches de cabalos, e criados. Iso explicaría tamén o do billete de mil marcos, pois a Hermann xa lle parecera raro que unha muller pobriña e vella perdese un billete tan grande.

E cando el lle devolvese o diñeiro, comezarían a falar e ela convidaríao a chocolate e lambetadas na súa casa, quere dicir no pazo, para coñecelo mellor a el, e máis tarde, vista a súa honradez, adoptaríao como fillo... Porque seguro que a condesa non tiña fillos ni herdeiros. Entón, os mestres da escola terían que facer reverencias cando falasen con el, e chamalo Alteza, ou algo semellante, e os seus pais arrepentiríanse de non telo tratado mellor. Pero el sería xeneroso e non lles gardaría rancor, e mesmo quizais os convidase a vivir no seu pazo. Na portería, claro. Alomenos nas vacacións. E, de tempo en tempo, que non sempre. Eles xa tiñan a Carla, que para eles era o único importante. Quixérono así, pois agora que apandasen... Era xusto. ¿Ou non era xusto?

Hermann non tiraba a ollada da velliña nin un instante, pero do saqueto non caeu nada. E a señora desapareceu nun portal. Polo visto non era unha condesa.

Hermann suspirou e quedou parado na beirarrúa.

Naquel momento xa non sabía onde estaba. Con todo, tiña por seguro que se desviara moito do camiño da escola.

Por alí, nos arredores, o reloxo dunha torre deu oito badaladas, e Hermann comezou a sentir un baleiro no estómago. Realmente, agora era xa tarde para ir á escola. Xa comezaran as clases, seguro, e por máis que fixese non daba chegado a tempo. Tiña só dúas posibilidades: ou dar cunha boa desculpa, unha desculpa á que ninguén no mundo puidese poñer chata ningunha, ou, mellor, non ir xa á escola.

Esta segunda posibilidade foi rexeitada de contado, pois sempre podía tela en reserva. Aquilo daríalle a posibilidades de pasar unha mañá sen clases, pero podía tamén traerlle un montón de problemas. Non quería nin pensar nestes problemas, e decidiuse pola primeira posibilidade: dar unha boa desculpa.

Estaba diante dun estanco onde tamén vendían xornais e revistas. Hermann pasou a ollada polas primeiras planas. En todas, ben arriba, puña "luns", e a data.

Hermann profundou non seus pensamentos.

¿Como podían estar todos tan seguros de que era luns? ¿Había algo especial que permitise distinguir un luns dun xoves ou dun mércores? As patacas, por exemplo, son patacas, e todo o mundo sabe que non son mazás; e as mazás son distintas totalmente das leitugas... Pero, ¿e os luns? ¿É que os luns teñen algo especial que fai que sexan luns?

Naturalmente, todos pensaban sen máis que era luns, pero aquilo non era proba científica ningunha. Nos tempos antigos tamén todos crían que a Terra era coma un prato e non coma unha pelota. Una cousa falsa non pasa a ser verdadeira só porque todo o mundo a crea.

"Imos ver", dixo Hermann para si, "supoñamos que nalgún momento ó longo dos séculos ou dos milenios –digamos, por exemplo, hai oitocentos vintesete años– se trabucasen ó contar, que saltasen un venres, digo eu, por erro ou por distracción. Coa cantidade inmensísima de días que houbo desde a creación do mundo, nada tería de extraño que nalgún momento cometesen un erro así. Entón, xa non sería luns senón un día menos. ¡Sería domingo! E no domingo non ten un que ir á escola. Non se pode ir, por moitas ganas que un teña.”

Aquela idea tiña moita substancia. Nese caso, Hermann non tería que buscar desculpa ningunha por chegar tarde, pois tiña todo o dereito do mundo a non ir á escola. Eran os outros, todos, os que estaban trabucados, e eran eles os que tiñan que buscar unha boa desculpa para explica-lo feito de estaren na escola sendo domingo.

Pero, por outra parte, e sendo sincero, Hermann tiña que recoñocer que había tamén outra posibilidade: que por erro, en tantos séculos, contasen o mesmo día dúas veces. Tamén isto era posible, tanto alomenos como o outro.

Neste caso, sería martes, e a cousa, verbo de ir á escola, non cambiaba nada.

De tódolos xeitos, unha cousa si era segura: mentres non houbese unha resposta científica a esta pregunta, os mestres e maila escola non tiñan dereito a esixirlle a Hermann que fose alá. ¡Hai que ve-la irresponsabilidade dos homes verbo do día de mañá! Pero el, Hermann, non era un irresponsable. El era un científico, un investigador do tempo, e dos mellores do mundo non un calquera. E ata poida que fose o mellor. Era

o fundador da ciencia da Calendarioloxía, unha ciencia noviña de trinque. Era comprensible que a xente lle puxese tódolos inconvenientes do mundo, porque iso é o que pasa sempre cos xenios. Alomenos, ó comezo, porque despois dánlle-lo premio Nobel e saen nas enciclopedias.

Coa fronte enrugada, Hermann seguiu andando sen reparar no camiño que levaba.

Investiga-lo tempo con precisión científica... Si, aquilo estaba moi ben, ¿pero como facelo? Naturalmente, non llo podía preguntar a ninguén, precisamente porque todos estaban convencidos de que era luns e non admitirían discusión. Tampouco podía repasa-las contas dos días, porque ¿desde cando tería que comezar a contar? Contar cara atrás, desde o día de hoxe, non podía ser, porque tería que partir da idea de que era luns, ou de que era martes, ou domingo, e iso era o que tiña que demostrar. Tampou-

co podía contar desde a creación do mundo ata hoxe, pois ninguén sabe de certo cando foi creado o mundo.

Hermann suspirou. Cada vez tiña máis enleadas as ideas e a chuvia metíaselle polas mangas, e por tras, polo colete do abrigo.

Non pensou que o problema fose tan difícil de resolver; e como non lle acudía ningunha solución, absolutamente ningunha, decidiu que o mellor sería non funda-la ciencia da calendarioloxía científica e resolve-la cuestión de calquera outro xeito. Por exemplo, mediante un sinal, a sorte, un oráculo... ¡Velaí a solución! ¡Que decidise o destino!

Ollou ó seu redor e comprobou que estaba nunha praza na que nunca antes estivera. No centro había unha gran fonte redonda e, arredor dela, no chan, lousas negras e brancas formando figuras. Aquilo era xustamente o que precisaba para sabe-lo seu destino.

Se conseguía chegar ata o outro lado da praza pisando só as lousas brancas, era luns e tería que ir á escola, deixando á parte o feito de que fose tarde ou nou. Pola contra, se por moi boa vontade que puxese non lle era posible chegar á outra banda pisando só nas lousas brancas, entón era domingo, e non tiña clases. Deuse a si mesmo palabra de honor de intentalo con tódalas súas forzas e xogando limpo.

Pasou un bo rato choutando á pata coxa pola praza adiante, cara á dereita, cara á esquerda, e tamén atrás can-

do non podía pasar por ningún sitio. Ás veces pasaba un tempo sobre unha perna só, bambeándose, porque tiña que pensar que faría logo e non había tempo dabondo para pousa-los dous pés no chan. Maxinou que as lousas negras eran pozos escuros e fondísimos polos que caería infaliblemente só con tocalos. Alí abaixo, na escuridade, viánse serpes venenosas, e alacráns, e xigantescas arañas que avanzarían contra el apalpando coas súas longas gadoupas. Só con pensalo sentiu un arrepío. Estaba tan horrorizado que pensou que o mellor sería deixa-lo xogo e saír de alí correndo, pero non tivo ánimos para facelo: desafiara ó destino, e tiña que aceptar calquera cousa que ocorrise. Tentou borrar da súa mente a idea das arañas e do abismo, pero non puido, e veulle ademais á cabeza un pensamento que o deixou aínda máis desacougado.

As lousas brancas e negras non eran regulares, senón todas diferentes. ¿E non podería ser algún sinal, por exemplo letras misteriosas dun alfabeto descoñecido? ¡Deus sabe que podería pasar se andaba choutando sen máis dunha lousa a outra! Sentíase coma quen atopou unha máquina misteriosa, toda chea de botóns e teclas, e o único que fai é tocar todo aquilo sen saber de certo que pode pasar ¡E podería pasar calquera cousa! Poida que cos seus saltos estivese escribindo, sen sabelo, unha fórmula máxica que tiraría do máis profundo da terra un monstruo colosal. Ou quizais el mesmo sería transportado a outro planeta, ou á cuarta dimensión ou algo semellante.

E nin se atrevía a moverse.

Se cadra, aquela praza fora construída así precisamente para transmitir noticias secretas. Quizais houbese no universo exterior algún satélite no que quedaban rexistrados tódolos movementos de Hermann, para transmitilos logo a unha central de espías onde a súa mensaxe tería provocado xa unha tremenda axitación.

—¡Alarma! —berrarían todos a un tempo—. ¿Quen é ese rapaz? ¿Como coñece os nosos segredos?

—O que está ben claro —diría o mandamáis da expionaxe cun torvo sorrir-é que o rapaz é un perigo mortal para nós. Sabe demasiado. ¡Traédemo vivo ou morto!

E poñeríase en marcha en exército de espías para atrapalo. Non vía posibilidade de fuxir.

—¡Que noviño é! —diría un dos homes. E logo: —¿Que andas a facer que te divirte tanto?

—Nada —respostaría Hermann—, é só un xogo por ver se hoxe é luns e teño que ir á escola ou non.

—Moi interesante —diría o outro cun sorrir retorto—. ¿E a quen lle comunicaches co teu xoguiño a fórmula da nosa arma supersecreta?

—Foi unha casualidade —diría Hermann—. Unha casualidade, pode crelo...

Os espías miraríanse dun xeito revelador.

—É un tipo duro o pequeno este —rosmaría o primeiro—. Está ben. O xefe ten sistemas para acabar con xente coma ti. Abofé que vas cantar... Xa o verás.

Entón daríanlle cloroformo a Hermann, para adormiñalo, ataríanlle as mans, poñeríanlle na boca unha mordaza e meteríano no maleteiro do coche.

E ninguén sabería máis del.

Pasaba xente pola praza, moitos con paraugas, e Hermann preguntábase como podían ir tan tranquilos sen pensar no perigo. Entón, de súpeto, sentiu un quentor tremendo, malia a choiva que lle entraba polas mangas e polo pescozo, pois viu que tres homes, cunha pinta tétrica, con sombreiros e gabardinas negras, viñan cara a el sen tiralle a vista de riba.

¡Entón, era verdade que ían levalo os espías!

Hermann botou a correr tanto como puido. Cruzou primeiro a praza, meteuse logo por unha rúa pequena e dobrou o recanto outra vez. Mentres corría, miraba atrás de tempo en tempo. Viu que non o seguía ninguén, pero, naturalmente, aquilo podía ser unha trampa. Seguro que os espías tíñano xa arrodeado, e tarde ou cedo caería nas súas mans se non paraba de correr coma un tolo.

Parou, e comezou a pensar. Agora, de súpeto, sentía frío, tiña os pés mollados. O abrigo estaba enchoupado e pesaba moito. Hermann comezou a tremelicar e a castañolealos dentes.

Tiña que fuxir de alí sen que o visen. Iso estaba claro.

Sen pensalo máis, meteuse nunha furgoneta que tiña a porta de atrás aberta. No espacio da carga había moitos

abrigos, traxes e vestidos pendurados. Posiblemente era a camioneta de reparto dunha tintorería ou dun comercio de roupa. Hermann agachouse tras dos abrigos. Inmediatamente, chegou un home que pechou a porta. Hermann quedou completamente ás escuras. Entón oíu como arrincaba a furgoneta.

Mentres ía allí ás escuras, agachadiño nun recuncho tras das roupas e abaneado pola marcha, comezou a sospeitar que, posiblemente, a súa fantasía lle tiña xogado unha mala pasada. ¿Por que saíra fuxindo daqueles tres homes, que sen dúbida seguiron o seu camiño sen reparar para nada nel? Quizais o único que os sorprendeu foi o feito de estar o neno alí, baixo a chuvia, e preguntaríanlle se lle pasaba algo, ou daríanlle o consello de voltar para a casa. Poida que non fosen máis que xente común e non espías.

Agora era xa tarde para reflexións semellantes. Alí estaba el, ás escuras, nunha furgoneta de reparto que sabe Deus onde o levaría. Agora si que a cousa se complicara de verdade e non só na súa fantasía. Ben podería ser que a fur-

goneta fose moi lonxe, ata outra cidade, ou mesmo a un país do estranxeiro. ¿Cando podería saír de alí? ¿Cando chegase a furgoneta a un almacén e quedase parada días e días? Morrería de fame e de sede. Tería que berrar, e petar nas paredes para que soubesen que estaba alí el. ¿E se non a oía ninguén? ¿Qué ía facer entón?

Hermann choromicou un pouquiño, só un pouquiño. ¡Canto daría agora por estar co pai e coa nai, mesmo con Carla! Aquilo si que sería un alivio para el. En canto poidese saír de alí iría andando ata a súa casa. Ou tomaría o autobús, depende do lonxe que estivese. Tiña algunhas moedas. E cando chegase á casa, confesaríalles todo ós pais.

De súpeto, detívose a furgoneta. Algún abriu a porta e comezou a saca-la ropa.

E naquel preciso instante, espirrou Hermann.

Todo quedou bruscamente en silencio. Logo, un brazo longo afastou a roupa, e Hermann viu a cara sorprendida dun home xa de certa idade.

—¡Vaia, oh! Pero, rapaz, ¿que fas aí metido? —dixo.

Sen pensalo, Hermann saíu do seu tobo, apartou dunha empurrada violenta ó home e correu todo o que puido. Mentres corría, botou unha ollada atrás e viu que ó home lle caíran no medio dunha poza tódolos abrigos que levaba nunha regazada. Logo viu que o home sinalaba cara a Hermann e berraba algo coa cara vermella ira.

"Ben que cho sinto", pensou Hermann, "pero é a lei do Salvaxe Oeste: ou ti ou eu. E eu fun máis rápido". "Son o máis rápido e o máis temido de tódolos Estados, desde Alaska a México."

E convertiu a súa carreira nun galope.

Os cascos do seu cabalo negro –"Vento de Tempestade", se chamábase– resoaban sobre a herba.

Sentíase ledo e libre, e ceibou un aturuxo enxordecedor. Unha vez máis conseguira zafarse dos malfeitores que o perseguían.

Logo de galopar un bo rato chegou ó pé das Montañas Azuis. Alí coñecía a entrada dun paso secreto entre os montes, un paso estreitiño no que ninguén entrara nunca. Alí non o podería atopar ningún cazador de recompensas. Dez mil dólares ofrecían por el, por Hermann, alcumado Hermy, e era unha mísera recompensa. Aquela cantidade aparecía en carteis co seu rostro por todo o Salvaxe Oeste. Nada nin ninguén, mesmo que fose sheriff ou xuíz, podería impedir que Hermy acabase con aquela caninea de xente miserenta: os ricos e poderosos que asoballaban ós pobres. Ningún deles quedaría sen xusto castigo polas terribles inxustizas que cometeran.

Hermy, o "Vingador dos Asoballados", tirou das rédeas do seu cabalo, que se empinou sobre as patas traseiras. Sen baixar del pensou calmamente que grandes inxustizas poderían ter cometido aquelas xentes. Coa súa ollada de águia,

Hermann exploraba a paisaxe. E, de súpeto, o seu sorrir de desprezo convertiuse nunha expresión de desconcerto.

Evidentemente, non estaba no deserto, senón no alto dunha casa vella e deleixada. E non tiña nin idea de como puido chegar alí.

O cuarto onde estaba tiña esnaquizadas tódalas fiestras. Nas paredes había aínda restos de papel e un par de cables da luz. No teito había buratos, e no chan, por todas partes, un refugallo de cousas inimaxinables. Tódalas portas foran arrincadas dos guiceiros.

Hermann inspeccionou os outros cuartos. Nun deles faltaba tamén unha parede lateral, e ollando para baixo podíase ve-lo patio. Alí, entre entullo e pozas de auga, había unha excavadora. Naquel momento estaba parada. Os obreiros debían de estar a cuberto da chuvia, descansando, pois agora a auga caía coma se a botasen con cazos.

Hermann achegouse ó borde e ollou para alá abaixo. O cuarto estaba no segundo andar da casa. Renxeu o piso e caíron uns cascotes. Hermann preferiu voltar para atrás.

Na escaleira faltaba o barandal. Con todo, Hermann subiu ós andares de riba. Non atopou nada interesante, pois tódalas vivendas estaban baleiras. Só cando chegou ó faiado atopou unhas maletas vellas e cubertas de mofo.

O vento frío entraba polas bufardas, que estaban abertas. A Hermann comezáronlle a bate-los dentes, pero non quiso marchar. Aquelas maletas misteriosas parecían enfeitizalo.

Unha voz que viña do seu interior dicíalle que había alí tesouros acochados. Non podía ser doutra maneira. O seu corazón comezou a bater como un tolo.

Naquela casa vivira había tempo un príncipe hindú. Ninguén o coñecía, claro, pois levaba un nome falso, un nome normaliño do país, Lehmann ou Huber. O príncipe escondera alí no faiado tódolos seus tesouros, e logo non se lembrou de recollelos. Ou mellor aínda, non sería un príncipe da India, senón un pirata. Un corsario famoso no mundo enteiro. Había xa cen anos que o aforcaran, pero ninguén dera co tesouro. Todos pensaban que estaba enterrado na costa salvaxe dunha illa que non viña non mapas, ó pé dos acantilados... Pensaban en calquera sitio menos no faiado dunha casa normal de veciños. Para dar co tesouro cumpría te-lo olfato infalible que el tiña.

Agora, cando abrise as maletas, daría cun montón de moedas de ouro escintilantes, colares de pérolas e de pedras ricas, e un pergamiño que se desfacía entre os dedos de tan vello. Alí, máis ou menos, poñería:

> *"Eu, Jonathan Jakob Black, capitán do 'Noiva do Vento', temido en tódolos Sete Mares, deixo este tesouro, froito da rapina e do crime, a quen o atope, quenquer que for, coa única condición de que o use en beneficio de Humanidade e dos animais, para que a miña alma, que estará nos Infernos, poida descansar por fin en paz e con tranquilidade. Se non o fixese así, a miña pantasma seguirá tódolos seus pasos e e darálle un terrible final."*

E asinaba cunha caveira e dúas tibias cruzadas.

Hermann espirrou varias veces. Do peto do pantalón tirou o pano, pero estaba sucio e mollado. Gardouno de novo e limpou o nariz coa manga do abrigo.

Logo acrequenouse para abri-la maleta.

—Aí non che hai nada —dixo de repente un montón de xornais vellos que había nun recanto—. Xa mirei eu antes.

Hermann levou tal susto que non foi quen nin de moverse. Sentiu nas raiceiras dos cabelos un proído coma se o pinchasen con mil agullas. Era a sensación que nas historias de terror chaman "poñerse os cabelos de punta".

Moveuse a morea de xornais e apareceu un vello cun abrigo luído, un pasamontañas, e por riba un gorro lordento e cheo de raña. O vello puxo as gafas. Tiña o nariz encarnado e grande como unha pataca, e polo visto levaba moitos días sen afeitarse. Mirou ó rapaz con ollos pícaros e un chisco acesos:

—¿Que hai, compañeiro? —dixo saudando coa man—. Bos días, ou boas tardes... asegún.

A Hermann foille pasando o susto: aquel vello non parecía perigoso. Tamén el levantou a man e dixo case sen voz:

—¡Ola!

—¿Como vai o mundo? —quixo sabe-lo vello—. ¿Aínda existe, ou destruírono xa?

Hermann non soubo que respostar, e, simplemente, encolleu os hombros.

—É que levo cen anos durmindo. Cen anos, máis ou menos... —continuou o vello erguéndose dos papeis—. ¿Non o cres? Pois xa o crerás, non te preocu-

pes. O tempo é relativo, compañeiro. Para uns, pasa de présa e para outros moi a modiño. Isto é o que fai tan difícil o trato cos homes. ¿Como van falar uns cos outros se un deixa ó outro atrás polo camiño? ¿Que día foi onte, compañeiro?

—Domingo —respostou Hermann—. Ou iso din todos...

O vello botoulle unha ollada rápida. Logo asentiu coa cabeza.

—¿Ves? Xa cho dixen eu —dixo esperguizándose e bocexando—. Imos ver se damos con algo para almorzar.

Hermann seguiu ó home. En certa maneira sentíase satisfeito de que o outro o chamase compañeiro, pero o tratamento parecíalle algo esaxerado. Hermann sentíase un chisco vagabundo, pero non tanto.

Nun recuncho había unhas botellas, tiradas no chan algunhas, outras de pé. Nalgunha víase aínda un pouco de viño tinto ou un resto de cervexa. O vello foino bebendo todo mentres Hermann ollaba para el.

—¿Como te chamas? —preguntou o vello.

—Hermann.

—Eu chámome Albert, pero o nome non ten importancia porque todo o mundo me chama Einstein. Non tes máis que preguntar por Einstein, mesmo na policía. Todos me coñecen. ¿Queres botar un grolo?

Hermann dixo que non coa cabeza. Einstein mirouno detidamente a traveso das gafas.

—Pensas que es moi noviño aínda para beber, ¿non? Pois mira, vouche dicir unha cousa, Hermann: eu son só un pouquiño máis vello ca ti ¿Apostas algo? A ver, ¿cantos anos tes?

—Nove —respostou Hermann sen dicir toda a verdade.

—¿Ves? ¿Que dixen eu? —continuou Einstein movendo afirmativamente a cabeza con aire pensativo—. Eu teño dezaoito. Son un rapaz. O que pasa é que parece que teña máis, porque...simplemente porque vivín de présa. ¿Entendes, compañeiro? Moi de présa. O tempo é relativo.

—¿De verdade? —preguntou Hermann, cada vez máis fascinado por todo aquilo—. ¿E como é posible?

Einstein tusiu un bo rato.

—¿Tes un pito para min, compañeiro? —preguntou rañando a gorxa.

Hermann moveu a cabeza dicindo que non.

—Non fumas, ¿eh? Eu tampouco fumo... cando estou durmindo. Iso é: cando estou durmindo non son fumador. O que pasa é que o que un é ou deixa de ser é relativo sempre. ¿Tes cartos?

—Só o que levo no peto.

—¿E canto levas?

—Seis marcos —rosmou Hermann.

—É dabondo.

—¿Para que? —preguntou o pequeno.

Einstein pareceu cismar uns instantes e logo dixo:

—Eu penso que ti es rico. Tamén eu podería ser rico. Nó-los dous poderíamos ser ricos, se ti queres...

—¿Ricos con seis marcos? —dubidou Hermann—. ¿A que chama ser rico?

—Tamén iso é relativo —dixo Einstein—. Con seis marcos pode un ter moito diñeiro. Unha morea inmensa de diñeiro, Hermann. Centos, miles de marcos... poida que miles, si... ¿Gustaríache ter mil ou dos mil marcos, compañeiro?

Hermann dixo que si, naturalmente, quería, pero non lle gustaba moito aquela historia.

—Con pouco diñeiro non se pode mercar moito diñeiro —dixo—. Se fose posible, non habería pobres e ninguén traballaría.

—¿E logo traballo eu, por acaso? —retrucou Einstein—. Non, compañeiro, non. Hai moito tempo que deixei de facelo. Ningún home razoable traballa. Oíches falar algunha vez de algo que chaman xuros, ou réditos?

Hermann, non moi seguro, moveu a cabeza afirmativamente. Oíra. Aquela palabra xa a tiña oído, pero non sabía moi ben que quería dicir.

Einstein continuou:

—Voucho explicar. Réditos quere dicir que cando un ten diñeiro xa non ten que facer nada. O diñeiro multiplícase só. Co tempo vai medrando, e vai sendo máis, e máis, e máis... Coma se saíse da nada. Coma se fose un truco de maxia. Pero un truco que funciona, ¿entendes? Podería demostrarcho, Hermann, se non fose que onte gastei todo o meu capital. E, sen nada... sen nada non se pode empezar...

—¿E como é que se multiplica? —preguntou Hermann—. ¿Como pode ser iso?

Einstein alzou as gafas por riba do nariz.

—É moi difícil explicalo a un que non sabe nada de iso. Eu, casualmente, sonche un experto nesta cousas e voucho explicar da mellor maneira posible. Pero tes que estar moi atento ó que digo. Imos ver: supoñamos que eu son un Banco, e que ti es ti, Hermann. Agora me das digamos cen marcos. Ti deixas os cen marcos todo un ano no Banco, quere dicir que mos deixas a min. Ó remate do ano, eu, que son o Banco, devólveche os cen marcos e outros dez máis. Agora ti metes no Banco cento dez, e cando acaba o ano recibes outros once marcos, porque esta vez metiches no Banco máis diñeiro que na primeira. Así, despois de dous anos xa tes cento vinteún marcos. E a cousa vai continuando sempre así: cada ano vas tendo máis diñeiro, sen facer nada, sen traballar. Iso é o que chaman xuros, ou réditos. Unha maravilla ¿non cres?

—Si... —opinou Hermann—. Pero tárdase moito tempo...

Einstein volveu asentir coa cabeza, con aquel aire que sempre tiña de profundar no pensamento.

—Efectivamente. Tes razón, non cho vou negar, compañeiro. E aí é onde está o problema. Por iso eu son viaxeiro no tempo.

—¿Viaxeiro, que? —preguntou Hermann abraiado.

—Viaxeiro no tempo —repetiu Einstein—. ¿Non oíches iso nunca? É un oficio moderno. Só existe desde que o inventou ese sabio grandísimo que se chama coma min: Einstein. Hai xente que viaxa dunha banda á outra do mundo, xente que vai a un sitio e logo volta, xente que viaxa no espacio. Pois ben: un viaxeiro no tempo viaxa ó pasado e ó futuro. Por exemplo, viaxa ó ano pasado, ou ó ano que vén.

Hermann mirouno coa boca aberta.

—¿Estivo vostede algunha vez no futuro?

—¡E non ía estar! —dixo o vello—. Moitas, moitísimas veces. Ducias de veces...

—¿E como é o futuro? —quixo saber Hermann.

Einstein torceu a boca.

—¡Non paga a pena! Mesmo resulta, penso eu, un pouco aburrido...

—¿E podería...? —tatexou Hermann—. ¿Podería levarme ó futuro con vostede?

O vello rañou a cachola por riba do gorro e pareceu preocupado.

—Home... É que... ¿sabes? Penso que non voi poder ser. Seguro que oíches falar algunha vez do moito que os astronautas teñen que adestrarse antes de poder resistir unha viaxe polo espacio. Pois cando un vaixa polo tempo é aínda máis difícil. Eu pasei moitos, moitos anos adestrándome antes de poder facer unha viaxe desas. Se te levase conmigo, poderías morrer, penso eu... E non quero responsabilidades, ¿sabes? Dígocho de verdade, e síntocho ben, porque es un bo compañeiro, Hermann...

—¡Vaia, home! —dixo Hermann, defraudado—. Ou sexa, que pasou todo o tempo ríndose de min, ¿non?

Einstein volveu poñe-las gafas no nariz e ollou para o pequeno.

—¿Pensas que minto? Síntocho moito, Hermann. Se pensas iso, non hai motivo para que continuemos a falar...

Ergueuse, disposto a marchar.

—¿Por que non mo demostra? —preguntou teimudo Hermann.

Einstein detívose e deu a volta, moi de vagariño.

—Xa che preguntei se querías gañar un montón de diñeiro, pero como non queres... Síntocho moito.

—¿Onde está a proba? —preguntou Hermann.

—Xa verás —dixo o vello—. ¿Non cres que dez mil ou cen mil marcos serían unha boa proba?

—¿Cen mil? —murmurou Hermann—. ¿De verdade?

—Ou máis... —engadiu Einstein como sen darlle importancia—. Todo o que queiras. ¿Queres un millón?

Hermann perdeu a fala.

—Naturalmente —continuou o vello—, o primeiro que necesito é ter un capital para comezar, o que chaman capital inicial, pois da nada non se pode tirar nada. Eses seis marcos teus serían dabondo...

—¿E como o faría?

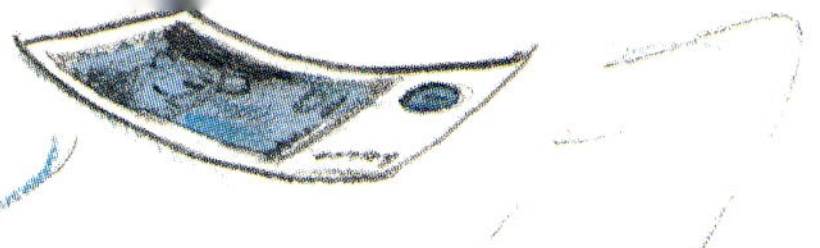

—¡Pero home! ¿É que non o entendiches aínda? Mira, compañeiro, é a cousa máis doada do mundo. Collo eu e póñome a viaxar no tempo para atrás cen anos, por exemplo, e abro conta nun Banco cos teus seis marcos. Despois, volvo ó presente e vou ó mesmo Banco. Lóxicamente, en cen anos os cartos multiplicáronse, ¿entendes? Pois digo no Banco que mo dean todo, e volvo a viaxar no tempo cara atrás outros cen anos. Volvo ingresalo todo, e volvo ó presente outra vez e volvo a sacalo. E iso podo facelo tantas veces como queira ata que teña a cantidade que desexe. ¡É un xogo de nenos, compañeiro! Xa ves. ¿Canto queres? Non tes máis que dicirmo.

—¿De verdade pode traerme un millón?

—Iso non che é problema ningún, compañeiro.

—¿E canto vai tardar?

Einstein moveu a cabeza, disgustado.

—Non entendes nada. Pero home... En ir e vir non tardo nada, absolutamente nada. Eu podo voltar para este tempo noso cando queira...

Quedou cavilando un momentiño, e engadiu:

—Ben... digamos que en media hora vou estar aquí de novo. Digo media hora só por ter unha marxe de seguridade, porque un non sabe nunca o que pode pasar. ¿Entendes?

Hermann estaba pampo. Sacou con dificultade o seu monedeiro do peto e deulle os seis marcos ó vello.

—¿De verdade vai voltar, señor Einstein?

—¡Pero home! ¿E que desconfías de min? Nunca na miña vida deixei un compañeiro co cu á recacha... Está

ben, pois. ¡Ata dentro de media hora! E non marches, ¿oes?

—Non marcharei, non, descoide. E moitas gracias.

A Einstein pareceu entrarlle a présa de súpeto. Non se volveu nin a mirar. Desde a porta, dixo só:

—Non hai de que, compañeiro.

E desapareceu.

Fóra, oíase o marmurio de chuvia. Hermann sentouse nunha das vellas maletas balorentas e esperou a volta do vello.

Tentou maxinar canto era un millón, pero non puido. Só sabía que eran moitos cartos. Non caberían na mochila da escola. Tería que coller unha

daquelas vellas maletas. E xa se amañaría para levalo todo á casa.

Logo maxinou as caras do pai e da nai cando visen o millón. Seguro que xa non o rifaban por lata-la escola. Ó contrario: dirían que foi unha boa idea deixa-las clases aquel día. Sentiríanse moi satisfeitos del, e poñeríano de exemplo para que a irmá o imitase... anque Carla era aínda moi parva para entender aquilo.

Despois comenzou a pensar que faría co millón. Podería mercarlle un coche novo ó pai, e vestidos e abrigos de pel para a nai, e para el un tren eléctrico que vira, un que ía por un só carril, e un acuario con peixes dentro, daqueles peixes tropicais que lle levaban os ollos, e uns patíns para patinar sobre o xelo, e unha escopeta de aire comprimido, e se aínda quedaban cartos, unha bicicleta de carreiras con doce marchas.

De tempo en tempo interrompía os pensamentos para espirrar. Tiña moito frío, sentía estremecementos e comezaba a te-la sensación de que estaba moi maliño.

¿Por que non voltaba Einstein? A media hora pasara xa había moito.

Hermann tentou maxinar como sería unha desas viaxes no tempo, e como se sentiría un cando pasasen por el a toda présa os días, as semanas, os meses.

Collería quizais unha dor de cabeza moi forte, ou de estómago, ou mareos, ou mesmo podía ser que se desmaiase. Einstein dixo que tiña un que adestrarse moito antes de podelo soportar. Sería por aqueles esforzos tremendísimos polo que Einstein parecía tan vello, malia ter só dezaoito anos.

Quizais neste mesmo momento estivese desafiando perigos inmensos. Pero el estaba afeito a aturar perigos. Tamén era posible que estivese todo o tempo querendo voltar e non podía porque non se lembraba do día que era exactamente. Tocante ós días non parecía te-las cousas moi claras. Non sabía nin que onte fora domingo, por exemplo. A ver se regresaba nun día trabucado, pasado mañá, ou antonte, e andaría espantado sen comprender nada, vendo que Hermann non estaba alí.

Levaba xa dúas horas de espera e comezou a pensar que, sen dúbida, había algo que dificultaba o seu retorno. E como el non podía axudar ó señor Einstein, e non tiña sentido ningún quedar alí, á espera, decidiu que o mellor era ir á escola. Alí, alomenos, estaría quente e seco, pois entráralle unha friaxe estraña e sentíase mal.

Colleu, pois, un rotulador da mochila, e escribiu na parede:

QUERIDO SEÑOR EINSTEIN.
NON PODO ESPERAR MÁIS TEMPO
SEA FAI O FAVOR LÉVEME O MILLÓN Á CASA.
O SEU COMPAÑEIRO, HERMANN

Despois, saíu do faiado, baixou polas escaleiras cheas de fendas e buratos, e deixou a casa. Aínda estaba chovendo.

Pasou un bon rato vagando por unhas rúas que para el eran completamente descoñecidas. Logo viu unha boca do metro e meteuse por ela. Sabía cal era a estación que quedaba máis preto da escola, pero non sabía se aquela liña

levaba alí directamente ou se tiña que cambiar de tren nunha estación do camiño. Buscou algún letreiro indicador, ou un plano de cidade coas liñas do metro, e lembrouse de súpeto de que na mensaxe que lle deixara a Einstein esquecera poñe-lo seu enderezo. E sen enderezo era imposible que o viaxeiro do tempo dese coa súa casa para levar o millón. Decidiu, pois, voltar á casa en ruínas, pois en definitiva eran moitos cartos os que estaban en xogo. Entón, de repente, viu algo que o deixou coma se fose unha estatua.

Alí, nun recuncho, entre moreas de lixo, estaba durmindo Einstein, sentado no chan e cunha botella de viño baleira a carón del.

E Hermann viuno agora todo claro: aquel home estafáralle os cartos. Mentíralle e quedara cos seis marcos para embebedarse. ¡Aquela era a súa viaxe no tempo!

Hermann, agora, xa non sabía que facer. ¿Acordalo? ¿Para que? Seguro que os seis marcos non os recuperaba, pois estaba visto que o vello xa os gastara. Podía denuncialo á policía, pero, ¿para que? Seguro que alí preguntarían porque non foi a escola, e descubrirían todo. ¿E despois? ¿Que farían con el? Hermann non sabía de certo se por lata-la escola meten á xente no cárcere.

Estaba aínda pensándoo cando viu vir dous policías co seu chaquetón de couro negro. Agachouse rápidamente tras dunha columna e viu que os policías inclinábanse cara ó Einstein, e que o abalaban para que acordase. Einstein no facía máis que marmuriar unhas palabras inintelixibles e non parecía disposto a erguerse. Collérono entón por baixo dos brazos, un policía de cada banda, e levárono entre eles. Cando pasaban xunto a Hermann, o vagabundo ollou para el pero non pareceu recoñecelo.

—Dispensen vostedes, señores —oíu Hermann que o Einstein dicía ós policías—. ¿E non poderían dicirme en que século estamos?

Os policías nin respostaron.

Hermann seguiuno coa ollada, sentindo o seu cerebro en branco, ata que se perderon de vista.

E pensou logo que el non ía acabar coma aquel Einstein. Non quería, de ningún xeito. Porque, e agora víao moi claro, levaba camiño de rematar como o vagabundo. Realmente, a única diferencia entre os dous era que Hermann

estaba aínda no comezo, e Einstein levaba a vida enterira latando a escola.

Hermann decidiu cambiar e convertirse nunha persoa nova. De hoxe en diante sería un bo rapaz, un modelo de aplicación e de comportamento, unha ledicia para os seus pais e para os profesores. Iría á escola, recoñecería a súa culpa, aceptaría o castigo. E aceptaríao pensando que era o derradeiro que recibía, pois nunca, nunca, volvería a ocorrer algo semellante.

Con todo, nun instante quedou demostrado que era difícil levar adiante aqueles bos dexeos, pois nin cartos tiña para tira-lo billete, e sen billete non se pode subir ó metro, ou si, podía, pero entón tería que colarse. Polo visto, para comeza-la vida virtuosa tiña primeiro que facer unha nova falcatruada. E se o pillaban no metro sen billete, tería que pagar cincuenta marcos de multa, e non os tiña, e meteríano no cárcere, e logo irían os policías contarllo todo ós pais, e os pais arrenegarían del e non quererían velo nunca máis.

Hermann saloucou baixiño. Caíanlle os mocos.

Pero tiña que facelo; non tiña outro remedio. Tiña alomenos que intentalo, aínda que estaba case seguro de que o pillaban sen billete. Seguía saloucando cando estudiou o plano nunha vidreira iluminada. Viu que tiña que colle-la liña 8 ata o centro da cidade, e facer logo o transbordo para a liña 5, que era a que pasaba xunto á escola. Saloucando pasou a porta xiratoria sen marca-lo billete como é obligatorio. Saloucando baixou as escaleiras mecánicas. Saloucando esperou a que chegase o tren da liña 8, e nel foi saloucando ata o centro da cidade. Saloucando cambiou á liña 5, e durante todo o traxecto tivo a sensación de que todos miraban para el, e que era obxecto do interese xeral. Con todo, nunca se sentira tan só.

Cando chegou por fin á estación de xunto a escola e subiu de novo á superficie, sentiuse aliviado. Ninguén se dirixira a el, ningún revisor lle pediu o billete. Todo volvera saír bien. O destino tivera piedade del. Entón deixou de chorar. Sentíase tan agradecido a Deus e ó seu ano da garda que estaba desexando demostrar con feitos o seu cambio de vida.

Dobrou o recanto da rúa e viu o edificio da escola diante del.

A porta estaba aberta, e xusto naquel momento saía correndo e berrando unha treboada de rapaces cara á rúa. Entre eles estaban os seus compañeiros. Remataran as clases. Definitivamente, chegara demasiado tarde, e iso, por moi boa vontade que tivese, non podía cambialo.

Hermann escondéuse nun portal para que non o visen os outros pequenos nin os profesores. Cando, por fin, desapareceron todos, emprendeu o camiño da casa sorbendo os mocos e tusindo. Estaba triste. Os seus bos propósitos non lle interesaban a ninguén, nin ó Bon Deus, polo visto... Se non, ben podería El amaña-las cousas doutro xeito. Malia todo, os seus propósitos de mellora ben merecían algún tipo de recoñecemento, por pequeno que fose.

E cando chegase á casa todo ía ser igualiño: "¡Hermann, fai isto!", "¡Hermann, deixa iso!", e Carla, e todo o máis. E el sería un ninguén na casa. ¿Como podía corrixirse así? Agora, xa nin ganas tiñas de facelo. A súa única esperanza era ter atrapado unha pulmonía e morrer axina.

Cando pechou, a modiño, a porta da casa, oíu á súa nai que berraba desde a cociña:

—¿Es ti, Hermann?

E como non contestou, saíu a nai ó corredor e quedou espantada cando o viu.

—¡Ai, Virxe Santa! ¿Pero que pasou? ¿Caíches na auga? ¡Pero se ves enchoupadiño de todo! ¿E como ves tan porco?

Hermann non respostou. Sentíase agora mal de verdade. Tremáballe o corpo todo e batía os dentes. En silencio, e coa cabeza baixa, esperou a treboada. Xa lle era todo igual.

—¡Quita a roupa de seguida! ¡Pero se está toda mollada! —dixo a nai, axudándoo a espirse—. Para min que ves maliño... Seguro que colliches un bo catarro. Pobre Manni...

Había moito tempo que non o chamaban Manni.

A nai levouno a sala e pousoulle a man na fronte.

—¡Ai, filliño! ¡Pero se tes febre! —dixo a nai, preocupada.

No cuarto, a pequeñina comezou a chorar.

—Carla está chorando —dixo Hermann.

—Xa o vexo —contestou a nai—, pero o primeiro es ti, Manni. Vouche preparar un baño ben quente, e logo terás que meterte na cama e poñereiche unha cataplasma.

A nai nin lle preguntou que fixera, nin dixo, como adoitaba: "¡Xa verás cando veña o teu pai; vas levar unha tunda, xa verás!". E tampouco parecía estar anoxada con el. O que si estaba era preocupada, moi preocupada, tanto como estivera sempre antes por Carla, ou aínda máis.

Cando Hermann xa estaba na cama, levoulle ó cuarto chocolate e uns bolos, os que máis lle gorentaban ó Hermann, e un pano para que o puxese arredor do pescozo. O do pano gustoulle menos.

—Vas ter que pasar días sen ir á escola. Iso, seguro...

—Home... —gargarexou Hermann, e tusiu unha vez máis.

—Non irás ata que esteas ben de todo —continuou a nai—. Mañá chamarei para desculparte.

Hermann vacilou, e logo dixo con voz rouca:

—Hoxe non fun á escola.

A nai mirou para el.

—Xa o pensei.

Aquilo foi todo. Non dixo máis nada. Agarimoulle o pelo, retiroullo da fronte, e tapouno ben tapadiño co cobertor.

Pola tarde, cando o pai chegou á casa, Hermann oíu que na sala falaban os dous baixiño un bo rato. Logo achegouse o pai á súa cama, deu as boas tardes e preguntou como estaba. E non o rifou nada, nada.

Todo ó contrario. Despois de cear fixo algo que levaba moito tempo sin facer: colleu un libro, sentouse onda el e leulle unha historia dun libro. Unha historia emocionante.

O título do libro era O LONGO CAMIÑO A SANTA CRUZ, e trataba de un home moi valente e destemido que tiña que levar unha mensaxe secreta a unha cidade que se chamaba Santa Cruz. A mensaxe era moi importante, e canto máis preto estaba da cidade máis dificultades tiña para cumpli-la encomenda. Houbo un momento en que pareceu que non a ía poder cumplir. Pero o home conseguiuno. E cando, máis morto ca vivo, chegou a Santa Cruz,

viu que a cidade estaba deserta, alí non había ninguén, marcharan todos, non quedaba nin unha ánima. Os que tiñan que recibi-la mensaxe tampouco estaban. Tódolos esforzos do home foran en van.

Cando o pai deixou de ler, quedaron os dous caladiños un rato, refreando a inquietude interior que ambolos dous sentían.

Foi Hermann quen primeiro falou. E dixo baixiño:

—Iso foi o que me pasou hoxe á min...

O pai, moi serio, asentiu coa cabeza.

—Entendo, filliño, entendo.

—¿De verdade? —preguntou, sorprendido, Hermann.

—De verdade —dixo o pai—. Tamén eu tiven que ir algunha vez a Santa Cruz.

Hermann ergueuse un pouquiño no leito, e o pai, con moito agarimo, fíxolle apoiar de novo a cabeza na almofada.

—Tes que estar deitado, Manni. E pensa que todo o mundo vai algunha vez na vida a Santa Cruz.

E, despois de pensalo un pouco, engadiu:

—E moitos van máis dunha vez.

Hermann mirou ó pai con gratitude. Pensou que tiña un pai fabuloso. E unha nai tamén fabulosa. E, de hoxe en diante, co a irmaíña, xa vería de arranxa-las cousas como puidese. ¿Quen sabe? Se cadra era tamén fabuloso ter unha irmá... cando puidese falar razoablemente, claro.

—Pero hai algo que eu querería saber aínda —dixo o pai—. ¿Tiñas que levar algunha mensaxe secreta?

Hermann pensouno moito tempo, e logo murmuriou:

—Non o sei... Penso que si... pero non estou certo.

—¡Xissss! —dixo o pai levando un dedo á boca—. ¡Non digas nada! A mensaxe é secreta ¿Non é?

Naquel intre entrou a nai no cuarto. Estivera ata entón atendendo a Carla. Mirou primeiro para un, logo para o outro, e dixo:

—¿Que vos pasa? Parecedes conspiradores...

Pai e fillo cruzaron unha ollada e sorriron os dous.

—¿Podo entrar eu tamén na conspiración? —preguntou a nai.

O pai chiscoulle o ollo a Hermann.

—¿Que pensas ti? ¿Admitímola ou non a admitimos?

—¿E non a íamos admiti? —dixo o Hermann.

Colección dirixida por Raquel López Varela

Título orixinal: *Der lange Weg nach Santa Cruz*
Traducción: Basilio Losada

Avenida de Arteijo, 11 - A CORUÑA
ISBN: 84-403-0140-5
Depósito legal: LE. 538-1995
Printed in Spain - Feito en España

EDITORIAL EVERGRÁFICAS, S. L.
Estrada León-A Coruña, km 5
LEÓN (España)